# LES QUATRE HEURES

## DE LA

# TOILETTE DES DAMES

# LES
# QUATRE HEURES
### DE LA
## TOILETTE
### DES
## DAMES

LES

# QUATRE HEURES

DE LA

# TOILETTE DES DAMES

POÈME ÉROTIQUE EN QUATRE CHANTS

PAR M. DE FAVRE

*Orné de belles figures en taille douce par Leclerc*

PARIS

J. LEMONNYER, LIBRAIRE-ÉDITEUR

*53 bis, quai des Grands-Augustins*

—

1883

# LA PRINCESSE DE LAMBALLE

---

*MADAME,*

*VOUS n'avez point ignoré que Madame la Duchesse de Chartres a été l'objet de mes premiers essais sur la Poésie.* Votre Altesse

Sérénissime, *qui protège les beaux Arts, veut bien m'encourager en me permettant de lui consacrer mon second Ouvrage : j'ose la supplier d'agréer l'hommage de ma reconnaissance.*

*Je suis avec le respect le plus profond,*

*MADAME,*
*DE VOTRE ALTESSE SÉRÉNISSIME.*

*Le très humble et très obéissant*
*Serviteur, DE FAVRE.*

# PRÉFACE

————

Tous les Poëtes qui ont célébré l'emploi du temps ont chanté les moments heureux de l'Amour; mais dans la distribution des heures du plaisir, ils ont oublié celles que les Amans donnent à l'art de la parure, inséparable de l'art de plaire. Dans le Poëme charmant des quatre parties du Jour de M. le Card. de B. dont j'aurais désiré d'imiter les Grâces, Ariane, Aréthuse, Diane et Héro, ne sont belles que par les charmes que leur prête l'Amour. J'essaie de prouver que le soin de plaire ajoute encore à la beauté. Un négligé séduisant rend Psiché plus touchante à son réveil; Diane au bain, cou-

verte de ses cheveux qui flottent au gré des Zéphirs ;
Europe mêlant aux lis de son teint, par un heureux
artifice, le rouge dérobé à Junon ; Thétis enfin n'ayant
plus d'autre voile que la ceinture des Grâces lorsqu'elle
reçoit Apollon, voilà les divers rapports de la toilette
sous lesquels je vais peindre les quatre heures du Jour.

Je suis loin de penser que les Dames fassent de la
parure leur occupation unique. M. Thomas, de la
même main qui crayonna les grands Hommes, a ren-
du hommage à l'aptitude qu'elles ont pour les Sciences
-lorsqu'elles veulent bien s'y livrer. Nées, avec des
organes plus délicats, plus fins que les nôtres, leurs
progrès en deviennent plus rapides ; elles réussissent
surtout dans le genre gracieux et léger. Le Journal des
Dames nous prouve qu'il leur reste encore assez de
temps après la toilette pour composer de jolis vers, tels
que ceux de Madame la Comtesse de Turpin et de
Madame de Beauharnais. Madame de Sévigné, notre
unique modèle dans le style épistolaire, s'occupait des

modes nouvelles pour les envoyer à sa Fille, et Madame du Châtelet ne négligeait point le soin de sa beauté lorsqu'elle commentait sous les yeux de Voltaire les systêmes de Leibnitz et de Newton.

Il faut en convenir, l'attention des Femmes à se parer n'est pas aussi frivole qu'elle le paraît à des yeux prévenus ; tout ce qui peut relever leurs grâces naturelles assure leur empire, et les Philosophes conviennent de l'influence qu'elles ont eue dans tous les temps sur les belles actions que nous admirons le plus.

On a assez chanté les Bergéres, il est juste que les Beautés de la Ville aient leur tour. Les tableaux champêtres sont épuisés. Voici ce que me dit un jour à ce sujet un Homme sensible qui avait passé sa vie à la campagne. « Elevé sur des côteaux émaillés de fleurs, j'ai vu naître l'Aurore et j'ai senti que le réveil d'une Brune piquante ou d'une Blonde languissante aux cheveux épars est plus brillant que le point du jour. »

Mon travail sera couronné au-delà de mes vœux si,

dans le nombre des détails qui composent ce Poëme, quelques-uns ont su plaire au sexe charmant qui en est l'objet, et je recevrai avec reconnaissance les avis des Gens de Lettres qui, après m'avoir lu, voudront bien me communiquer leurs observations.

S'il peut être permis de parler un moment de soi dans la Préface d'un de ses Ouvrages, je dirai que je me suis déterminé à cultiver la Poësie, parce qu'elle m'a paru le plus noble des Arts ; c'est elle qui immortalise la vertu, la beauté et la valeur : elle est le charme innocent de mes jours et le délassement de mes travaux sérieux. O ma muse ! vous le savez : ma vie est pure sans être heureuse ; mon cœur est tranquille, et je laisse à mon imagination le soin de mes plaisirs.

# SUJET DES ESTAMPES

## *PREMIÈRE PLANCHE*

Psiché s'éveillant en sursaut à la fin d'un rêve, les cheveux épars, mais point échevelée; elle est agitée, mais son air est tendre et d'une douceur inquiète. Elle est debout, tenant de chaque main ses rideaux, qui restent unis par le faîte : elle se trouve dans cette situation en face de la toilette, et se regarde au miroir qui y est dressé : vers le ciel de la planche, entre le dais du lit et la corniche, l'Amour suivi d'un groupe de Songes s'envole en riant.

> Les vrais atours de la Beauté
> Sont l'ouvrage de la Nature ;
> Et sa plus brillante parure,
> Les roses de la Volupté.

## *SECONDE PLANCHE*

Diane sortant des eaux, couchée sous un berceau de myrtes, dans ce voluptueux abandon que donne la fraîcheur du bain. Elle fixe languissamment et avec reproche le Berger Endymion qui s'avance et reste en extase à l'aspect de tant de charmes : elle tient déjà dans sa main le myrte qu'elle destine à sa couronne; derrière le berceau, les Nymphes de la Déesse tournent la tête et sourient en s'enfuyant.

> Va, mon courroux s'évanouit,
> Et dans mes mains est ta couronne.

# TROISIÈME PLANCHE

Un boudoir éclairé d'un jour tendre : Europe y est assise à sa toilette ; les trois Grâces, Aglaé, Euphrosine, Thalie, l'environnent sans la cacher : Aglaé est derrière elle, tenant ses cheveux d'une main, et de l'autre les développant dans toute leur longueur comme si elle se disposait à les ployer ou à les tresser, mais en effet pour en faire paraître toute la beauté : l'ensemble des traits d'Europe, doux et sensible, respire la gaité, la dignité et le sentiment affable : l'Amour plus près de la toilette en examine l'effet avec attention, présentant lui même le miroir : au côté opposé, des Nymphes admirent avec attention et une curiosité extrême un pot de rouge que tient une d'elles un peu détachée du groupe; Comus dans l'enfoncement, préside à la toilette, dont il est le Dieu. Au milieu de la planche, deux Amours soutiennent une couronne de fleurs.

> A vos côtés j'ai peint les Grâces,
> Et l'Univers à vos genoux.

# QUATRIÈME PLANCHE

L'entrée du palais de Thétis baigné par une mer calme. Cette Déesse sort de sa grotte pour recevoir Apollon qui se présente les cheveux épars : il a un pied sur son char, et de l'autre se précipitant vers la grotte, il lui donne un baiser dans cette attitude : des Amours élevés rafraîchissent l'air en y effeuillant des roses.

> Appollon redouble pour elle
> Tous les feux qu'il éteint pour nous.

_____

# LES QUATRE HEURES

### DE LA

# TOILETTE DES DAMES

## *POËME*

---

## CHANT PREMIER

### *L'AMOUR ET PSICHÉ*

JE chante l'heure du matin,

Où chaque Belle à sa toilette,

Des cœurs méditant la défaite,

Colore ou rafraîchit son teint;

Et le réveil suivi du bain,

Et l'instant où sa main légère

Fait succéder avec gaieté,

Au négligé d'une Bergère,

L'éclat d'une Divinité.

Amour ! doux charme de la vie !

Prête-moi tes pinceaux flatteurs :

Viens embellir de tes couleurs

Mes vers qu'à Zélis je dédie.

Si par elle ils sont accueillis,

A Paphos ils sçauront mieux plaire,

Puisqu'en faire hommage à Zélis

C'est les consacrer à ta Mère.

Conduit par Comus et sa Cour,

J'entre au Temple de la Parure,

Où l'Art, épris de la Nature,

L'épouse en faveur de l'Amour.

Déjà l'astre brillant du jour

Est avancé dans sa carrière,

Et je rencontre encor la nuit,

Qu'on croit bien loin de l'hémisphère,

Dans cet asyle du mystère

Où la volupté la réduit.

Mais de sa dernière retraite

Elle s'éloigne en soupirant :

Je la vois enfin qui s'apprête,

A s'enfuir de ce lieu charmant :

Dans leurs palais je vois les Heures,

Les yeux fixés sur leurs cadrans,

S'avancer, ouvrir à pas lents

Une porte de leurs demeures,

Au jour qui naît pour les amans.

Par-tout les fuseaux, les aiguilles

Précipitent leur mouvement,

Et l'or, et la soie, et l'argent,

Lassent les doigts des jeunes filles.

Tissus de brillantes couleurs,

Riches étoffes, rubans, fleurs,

S'assemblent dans les mains habiles

Des industrieux artisans :

C'est pour toi, Beauté de nos villes,

Que tout s'empresse en ces momens :

Dans les villes et dans les champs,

Tout agit; sur le sein de Flore

Colette, l'arrosoir en main,

Colette, au défaut de l'Aurore,

Rafraîchit la fleur du matin,

Sans craindre de brûler son teint,

Pour la Beauté qui dort encore.

Vois le bonheur de ton destin !

Alors que l'artisan s'applique

A nuancer le vermillon,

Le laboureur creuse un sillon,

Du fer de sa charrue antique :

Tandis que, la sueur au front,

Sur ses traces en diligence,

Un autre jette la semence

Dont les épis te nourriront.

    Quand le poids du jour nous accable,

Toi seule, objet de nos travaux,

Goûtant un repos délectable,

Sommeilles sous d'épais rideaux;

De ta nonchalante paupière

Morphée éloignant la lumière,

Malgré le jour et le fracas,

Au sein de la foule ouvrière,

Sur le duvet étend tes bras.

Sexe charmant! quand tu sommeilles,

A tes désirs tout obéit,

C'est pour l'instant où tu t'éveilles,

Que la nature s'embellit;

Le jour, les soins de la toilette

Sont les plus grands de tes soucis;

Et durant tes paisibles nuits,

Si quelque chose t'inquiète,

Peut-être une flamme secrète

Jette le trouble en tes esprits.

Ainsi Psiché s'est endormie,

En cherchant au fond de son cœur.

D'où vient cette inquiète ardeur

Qui suit le printems de sa vie,

Et qui la sèche de langueur.

Dans l'enchantement de son rêve,

Sur son aile Zéphir l'enlève,

Par les ordres d'un Dieu caché :

Enfin dans ces momens propices,

Au charmant palais des délices,

L'amour a transporté Psiché.

Mais en découvrant à la vue

De Psiché le tendre incarnat,

Du jour affaiblissons l'éclat,

Voilons la pudeur ingénue :

La clarté blesse ses appas :

Elle est sage, mais elle est nüe,

L'Amour a les yeux délicats.

Vous, Amans, qu'avec complaisance
J'introduis chez cette Beauté,
Ne contemplez la volupté
Qu'avec les yeux de la décence.

 Parmi cet essaim voltigeant
De songes pressés autour d'elle,
Voyez-vous ce songe charmant
Qui, de la pointe de son aile,
La caresse légèrement?
Psiché sourit, elle est plus belle :
Ce n'est point ce rire piquant,
Que pour désoler un Amant
Affecte une Beauté cruelle :
Tout est vrai, tout séduit en elle :
Pour l'Amour quel heureux moment !
La troupe riante et volage
Lui prête à l'envi ses couleurs :
Elle la pare de ses fleurs,

Et du plaisir lui peint l'image.

   Mais près du merveilleux palais,

Vers ces jardins, sous ces bosquets,

Où cette Beauté qui sommeille,

Arrive au souffle d'un vent frais,

Volez, Amans, Amans discrets,

Elle parle, prêtez l'oreille.

« Où suis-je !... ô ciel !... en quel séjour

Vient de m'égarer ma tendresse ?

Quelle demeure enchanteresse !

Et quel Dieu tient ici sa cour !

Ces bosquets parfumés de roses,

Cet ombrage si séduisant :

Sont-ce les lieux où tu reposes,

Être inconnu de mon tourment ?...

En ces lieux... quel autre soupire ?...

J'entends... hélas ! trop vaine erreur

Ce gémissement du martyre,

Echo ! c'est la voix de mon cœur. »

Quand tu contais ainsi ta peine,

Psiché, savais-tu que l'Amour,

Sous les feuillages d'alentour,

Voyait sa victoire certaine ?

Non ; tu disais : « Dans ce jardin,

Il est un remède peut-être

Au feu qui brûle dans mon sein :

Puisse la faveur du destin

Me le faire bientôt connoître ! »

Mais hélas ! que tes vains désirs

Peignaient bien ta flamme naissante !

Cette illusion, ces soupirs,

Etaient d'une timide Amante :

Heureux qui fut l'objet vainqueur

Des premiers feux de l'innocence.

Quel trouble naquit dans son cœur,

Lorsqu'il ressentit leur puissance !

Ce fut alors, qu'impatient,

L'Amour caché dans le bocage,

Ecartant le léger feuillage,

Sans bruit, à peine respirant,

Les sens troublés, l'ame éperdue,

Approche de ce lieu charmant,

Et voit avec saisissement

Psiché mollement étendue

Sur un gazon frais et naissant;

De son carquois un trait s'échappe,

Vole à Psiché, perce son cœur:

Elle ne sait pas qui la frappe,

Mais sa blessure est sans douleur:

L'Amour s'élance au bosquet sombre,

Dès qu'il a repris son bandeau,

Et pour mieux en épaissir l'ombre,

Soudain il éteint son flambeau.

Mais quels accords! quelle harmonie

Vient enivrer nos deux Amans!

Quelle touchante mélodie

Jette l'oubli dans tous leurs sens!

L'écho de cent grottes voisines

La redit aux échos divers :

Tendres Bergers de ces collines,

Cessez un moment vos concerts :

Ici l'Amour se fait entendre

A cette Beauté qui gémit.

Ecoutons ce qu'elle entendit,

Ecoutons bien cette voix tendre,

Que déjà son cœur applaudit :

« Source de félicité pure,

Je suis maître de l'univers,

Et quand j'ai soumis la Nature,

Psiché, je languis dans tes fers.

O toi, qui seule as su me plaire,

Reçois le prix de ta beauté.

O toi, que j'enlève à la terre,

Prends part à ma divinité,

Règne dans mon cœur sans partage,

Et fais moi les mêmes sermens :

Sois heureuse en ces lieux charmans,

Tout s'empresse à t'y rendre hommage :

A ma place donne des loix,

Prends ce flambeau dont la lumière

Pourra te guider quelquefois

Dans ce lieu sombre et solitaire ;

Mais sur-tout, Psiché, garde-toi

De t'en servir pour me connaître :

L'objet qui t'a donné sa foi,

A tes yeux ne doit point paraître :

Je m'échappe et fuis pour jamais,

Si tu ne gardes le mystère :

Tels sont les célestes décrets,

Que je cesserai de te plaire,

Sitôt que tu verras mes traits. »

Dans son tourment, dans son délire,

Psiché répond en soupirant :

« Est-ce vous que mon cœur désire ?

Ah ! si vous êtes mon amant,

Dites-moi pourquoi je soupire.

De jour en jour un noir chagrin

Dessèche la fleur de mes charmes :

En proie aux plus vives alarmes,

Victime d'un affreux destin,

Je pleure, et c'est dans votre sein,

Que je veux répandre mes larmes.

Pour calmer mon cœur malheureux

Bannissez cette nuit profonde,

Qui vous accompagne en ces lieux.

Pourquoi dérober à mes yeux

L'aspect du plus grand Roi du monde,

Peut-être l'objet de mes feux ?

Craint-on les Dieux et leur tonnerre,

Ingrat, lorsque l'on aime bien ?

Dans son ivresse, on ne voit rien,

Que le seul objet qui sait plaire.

Que peut tout l'Olympe en colère,

Contre un doux et tendre lien ? »

« Quoi ! vous brûlez de me connaître,

Belle Psiché, répond l'Amour.

A vos yeux si j'osais paraître,

Hélas ! de m'avoir vu, peut-être

Vous vous repentiriez un jour :

Peut-être vous croiriez volage

Un cœur dont les feux sont constans,

Au mélange des sentimens,

Qui se peignent sur mon visage.

Tantôt complaisant, tendre et doux,

Mes yeux et mes traits sans courroux

Montrent ma flamme et mon ivresse ;

Puis je parais triste et jaloux,

Cruel, par excès de tendresse.

Oui, je le reproche à mon cœur;

Souvent un trop brûlant délire

Vint effacer mon doux sourire,

Par l'image de la douleur.

Ah! laissez-moi dans le mystère

D'une obscurité qui me plaît,

Et vous adorer et vous plaire.

Tout mon charme est dans le secret :

Quel que soit sur moi votre empire,

N'espérez point me l'arracher.

Je gagne trop à me cacher,

Et cet aveu doit vous suffire :

Fuyez des plaisirs indiscrets,

Quel bien en pouvez-vous attendre ?

Ah! lorsque j'offre à vos attraits

Un amour fidèle, un cœur tendre,

Qu'importent ma forme et mes traits? »

« Non, non, dit Psiché plus pressante,

D'un monstre eussiez-vous la laideur,

Un tel aveu, votre candeur,

Votre esprit, en vous tout m'enchante.

Vous dont la voix est si touchante,

Ne puis-je fléchir votre cœur?

Du désir qui me rend si tendre,

Vous avez redoublé le feu :

Quel mortel, ou plutôt quel Dieu,

Par votre voix s'est fait entendre?

Oui, la douceur de vos accens

Vient de m'enivrer de leurs charmes :

Ils ont égaré tous mes sens;

Hélas! et j'ai perdu les armes

Que la raison donne aux Amans :

Croyez-moi, laissez-vous séduire;

Quel mal peut-il en arriver?

Ah ! sur vous si j'ai quelque empire,

Que tardez-vous à le prouver ? »

Mais loin de se laisser surprendre

Par un langage si flatteur,

L'Amour, pour hâter son bonheur,

Refuse toujours de se rendre.

Souvent un indiscret dépit

A fait éclater la tendresse,

Que la pudeur d'une Maîtresse,

Cache à l'Amant qu'elle chérit.

« Ah ! poursuit-elle en sa détresse,

Barbare ! ainsi vous me laissez

Languir dans le supplice extrême,

De ne point voir l'objet que j'aime !

Oui, je vous aime, en est-ce assez ?...

Soyez heureux, et paraissez. »

C'en est fait ; l'inquiète Amante

A l'Amour tend les bras, gémit,

3

Et le secret qui la tourmente,

Double l'ardeur qui le poursuit;

Elle s'ignore, elle s'agite,

Et les transports délicieux

Qu'elle refuse, et qu'elle excite,

Ont dénoué ses longs cheveux;

Ses lèvres, ses lèvres de roses

Sont brûlantes, et demi closes,

Peignent l'ivresse du désir;

Doucement brille à sa paupière,

L'humide cristal du plaisir;

Tout est voilé pour la lumière,

Mais révélé par un soupir.

« O toi, dit-elle, ô toi que j'aime!

Tendre objet de ma passion!

Parais à mes yeux! dis ton nom!

Ah! cède à mon désir extrême! »

Nouveau refus, désir nouveau,

Elle se peint ce Dieu plus beau,

Lui tend une main caressante;

De l'autre, active, impatiente,

Agite, allume le flambeau;

Soudain, étonnée, attendrie,

Dans l'extase et l'enchantement,

L'âme éperdue, elle s'écrie :

« Ah, c'est l'Amour!... qu'il est charmant!... »

Elle dit; sur le char des Heures,

L'Amour aussitôt prend l'essor,

Et fuit ces heureuses demeures;

En vain Psiché l'y cherche encor;

Poursuivant l'Amour et son rêve,

Vive, tremblante, elle se lève,

Fend les rideaux, ouvre les yeux,

Elle retombe, se relève,

Chasse Morphée et ses vains jeux.

Digne objet de la vive flamme

Des Dieux dont vous offrez les traits!

Psiché! les songes de votre âme,

Vous prêtent de nouveaux attraits;

Ah, paraissez!... vous êtes belle!...

Votre éclat n'a rien d'emprunté;

Oui, votre miroir est fidèle,

Il réfléchit la vérité.

Du matin telle est la toilette;

Simple et séduisant négligé,

Que la nature seule apprête,

Où l'art encor n'a rien changé.

Quand, après un amoureux songe,

La Beauté s'arrache au sommeil,

Le feu dont ce tendre mensonge

Anime son teint au réveil,

L'impression que dans ses charmes,

A laissé ce rêve enchanteur;

Dans ses beaux yeux cette langueur,

Qui succède aux vives alarmes,

Que vient d'éprouver sa pudeur;

Sa sérénité vive et pure;

Un voile simple et sans apprêt,

Toujours décent, toujours discret,

Et les cheveux à l'aventure,

C'est l'ornement que j'ai chanté;

Les vrais atours de la beauté,

Sont l'ouvrage de la Nature,

Et sa plus brillante parure,

Les roses de la volupté.

Hommage à la Beauté touchante!

Dont j'emprunte aujourd'hui les traits,

Dont j'ai recueilli les attraits,

Pour embellir ceux que je chante;

Si Jupiter voulut un jour

Que Psiché devînt immortelle,

O Zélis! son parfait modèle,

Pour les Grâces, et pour l'Amour,

Ah ! puissiez-vous l'être comme elle !

# LES QUATRE HEURES

### DE LA

# TOILETTE DES DAMES

### *POËME*

---

## CHANT SECOND

### *DIANE ET SCAMANDRE*

J'AI chanté l'heure du réveil,

Du premier négligé des Belles,

Tous les charmes qu'un doux sommeil

Ajoute aux grâces naturelles ;

Guidé par les heures du jour,

Par le brûlant flambeau du monde,

Au sein pur et calme de l'onde

Je vais suivre et chanter l'Amour.

Phébus incessamment rallume,

Rassemble, épuise tous ses feux

Sur l'hémisphère qu'il consume;

Mais enfin ses coursiers fougueux,

Se rapprochent de la barrière,

Que l'horizon présente aux yeux.

Bientôt leurs torrens radieux

Laisseront respirer la terre,

Bientôt s'accomplit dans les cieux,

Le vœu de la Nature entière.

C'est après la chaleur du jour

Que la ville est plus agissante,

L'ouvrière plus vigilante,

Est active à parer l'Amour;

Travaillez, esclaves des Belles,

Vous irez dans quelques momens

Répandre les modes-nouvelles,

De vos gazes, de vos rubans,

De vos fleurs et de vos dentelles,

Qu'auront tissus vos doigts charmans.

Artisans des travaux faciles,

Vous souffrez peu des élémens;

Mais la fatigue a dans les champs

Des loisirs que n'ont point les villes;

Après des veilles difficiles,

Pan, au bruit de son chalumeau,

Ranime la vive bergère,

Qui foule gaiement la fougère,

Laissant à l'écart son troupeau.

Plus loin, sur les bords d'un ruisseau,

Cette Blonde assise à l'ombrage,

S'abandonne au zéphir volage,

Qui vient la trouver sous l'ormeau,

Et se rafraîchit du laitage

Que l'on apporte du hameau.

Ici, le grand Dieu de la tonne,

Au sommet d'un côteau voisin,

Chante l'Amour sa coupe en main,

Et le vendangeur qu'il couronne

Répète avec lui le refrain ;

Quand de nos forêts la Déesse,

Au bruit des échos éclatans,

Répétés, redoublés sans cesse,

Ramène ses chiens haletans ;

C'est pour les rives du Scamandre,

Qu'elle s'éloigne de ces bois.

« Quoi, dit ce Dieu, qui vient se rendre

Sur son rivage, au bruit des voix,

Est-ce Diane que je vois ?

Par elle aurai-je dû m'attendre

A jouir un jour de mes droits !

Ah ! chantez sur vos tendres lyres,

Immortels de tous les empires,

Chantez l'honneur que je reçois. »

Entourez votre souveraine,

Nymphes qui portez le carquois!

Empressez-vous tout à la fois,

Beauté qui fleurissez la plaine ;

Faunes, Satyres, et Sylvains,

Mêlez-vous aux jeunes Driades ;

Descendez, troupes d'Oréades ;

Joyeux Amans des jours sereins

Accourez, volez, les Nayades

Vous appellent à leurs festins ;

Célébrez ces pompeuses fêtes,

Que Scamandre donne en ses eaux ;

Il est tems, couronnez vos têtes,

Scamandre est sorti des roseaux ;

Demain, la sévère Diane

Laisse éclater sa passion,

Demain elle devient profane,

Elle rougit et se condamne,

Mais elle épouse Endymion ;

Aujourd'hui, paisible et rêveuse,

Le regard tendre et languissant,

La fière et cruelle Chasseuse,

Tombe au sein du Dieu caressant,

Qui s'empare de la Baigneuse,

Et l'effraie en la saisissant ;

Telle, une jeune Néréïde,

D'un œil craintif et curieux,

Contemple un Satyre orgueilleux,

S'avance, et recule timide :

Telle, Diane approche et craint,

Prend la main du Dieu qui l'attire,

Mouille une jambe, la retire,

Et voudroit être dans le bain ;

Elle sent se radoucir l'onde,

Et brisant le vaste miroir,

De toutes parts l'écume abonde,

Grossit et blanchit l'antre noir ;

Alors ses Nymphes l'abandonnent,

Mais les Tritons qui l'environnent

Ont plongé pour la recevoir;

Chaque Triton que l'onde arrose

Lui prend et lui rend un baiser,

Chacun d'eux caresse une rose,

Et la cueillir, et l'arroser,

N'est pour eux qu'une même chose;

Ainsi l'on voit mille torrens

Entraîner des fleurs échappées

Du sein des riantes nappées,

Qui se baignent dans leurs courans.

« Rassurez-vous, chaste Déesse!

S'écria Scamandre enchanté,

L'humide essaim qui vous caresse

Vous prépare à la volupté,

Sans offenser votre sagesse;

Désormais ne rougissez plus

Du beau penchant qui vous améne ;

Préférez l'amoureuse chaîne,

Au triste honneur de vos vertus ;

Cédez au Dieu qui vous entraîne,

L'esclavage est dans le refus ;

L'esclavage est bien plus encore

A vouloir brûler en secret :

Que de gêne à cacher l'objet

Qui vous fait devancer l'aurore,

Et vos Nymphes dans la forêt !

La nuit, pour vous seule indiscrette,

Malgré vos soins, apprit aux Dieux

Que vous quittez souvent les cieux,

Pour une plus douce retraite ;

Oui, lorsqu'avant le point du jour,

Vous partiez pour aller attendre

Sous un feuillage, en un détour,

Un cerf que vous vouliez surprendre,

On connaissoit le Berger tendre,

Que vous alliez voir à l'entour;

Tout le mystère se révèle,

Calisto rentre à votre cour,

On parle aux cieux de son retour,

Et l'on sourit de la nouvelle;

Cessez, cessez d'être cruelle,

Chacun doit aimer à son tour,

Puisque l'Amour vous fit si belle,

Embellissez aussi l'Amour. »

    A ces mots, Diane confuse,

Voyant son secret révélé,

Regrette le tems écoulé

Loin du Dieu que son cœur accuse;

Et soudain, en mêlant des pleurs

Aux flots de l'onde fugitive :

« Que dois-je faire en mes malheurs,

Dit-elle, ô Dieu de cette rive ?

Au moins que par vous le destin

Soit propice au nœud qui s'apprête! »

En parlant de ce doux lien,

Le souvenir de sa défaite

Rougit l'albâtre de son teint;

Sur les flots toute la Nature

Semble voler pour l'embellir;

Les replis de sa chevelure

Sont soutenus par le Zéphir,

Parfumés des mains du Plaisir,

Et bouclés sous les doigts des Grâces;

(Car les trois Sœurs suivent ses traces,

Autant que les pas de Cypris);

Sur Euphrosine et sur Thalie,

Comme Vénus, elle s'appuie;

Les troupe des Jeux et des Ris

Se joue et s'empresse autour d'elle;

De Paphos on croit voir la cour,

Et du carquois de la cruelle,

Partent les flèches de l'Amour.

   Tous les dieux de l'onde à la nage,

Ou voguant sur leur coquillage,

Sont accourus au bain charmant;

Ils attendent qu'un mouvement

Pressant le tapis qui vacille,

Découvre un charme à l'œil habile

Qui le saisit avidement;

Et perçant l'humide étendue,

Qui cache Diane à Phœbus,

Ils jouissent tous de sa vue

Et de l'effroi de ses vertus.

Le son de la conque adoucie

Chante la fête et la publie :

Echo, par sa voix, dans les airs

Double l'accord, et s'y marie;

Et Narcisse, l'âme attendrie,

Devient sensible à ses concerts.

J'ai peint le séjour que contemple
Des forêts la divinité,
Où le fils de Doris rassemble
Le sexe qu'Hymen a flatté :
Les dieux fortunés ont un temple
Par-tout où brille la beauté.

Voici l'instant où Péristère,
Exercée à cueillir des fleurs,
Les sème, assortit leurs couleurs
Sur une natte de fougère;
Vers ces gazons, sur ces tapis,
C'est là, non loin de ces rivages,
Que l'aile des plaisirs volages,
Enfans aimables et soumis
Aux belles, aux rois, aux vrais sages,
A transporté du sein des eaux,
La souveraine enchanteresse;

Endymion! vois ta maîtresse

Couchée au frais de ces berceaux!

Que n'es-tu déjà sous ce dôme?

Myrthe, oranger, rosier, lilas,

En l'ombrageant, versent leur baume

Sur ces voluptueux appas,

Quel charme ajoûte à la nature

Le doux pinceau d'une onde pure

Il vient d'arrondir les contours

De cette beauté renaissante;

Son sang, plus calme dans son cours,

Porte aux traits sa langueur touchante,

Les polit, les éclaircit tous;

Sous l'ivoire plus transparente

Le bleu des veines est si doux,

Sa bouche paraît plus vermeille;

Ses yeux sereins peignent l'Iris :

C'est l'Aurore qui se réveille,

Ou c'est le coucher de Thétis ;

Et l'amoureuse rêverie,

Où plonge la fraîcheur du bain,

En colorant un peu son teint

Décèle son âme attendrie ; ·

Heureux berger de la Carie !

Veux-tu me remettre au lendemain ?

D'une voix tendre et languissante,

Qui s'éteint avec le soupir,

La beauté gémit dans l'attente,

Et c'est toi qui la fais gémir !

J'entends sa plainte si touchante

Qu'apporte l'écho du Zéphir.

« C'est ainsi, reproche Diane

Au berger qui ne l'entend pas,

« C'est ainsi que ton cœur profane

Près de l'Hymen fuit ses appas ?

Lorsque tu briguais ma tendresse,

Tu sçavais plaire à ma fierté

En flattant ma délicatesse ;

Tu m'attendais avec adresse

Dans les lieux où la Volupté

Cherche l'onde qui la caresse,

Ou l'abri du jour qui la blesse :

Jamais tu n'en fus écarté :

Aujourd'hui, sûr de mon ivresse,

Tu n'as plus ta fidélité,

Et tu te ris de ma foiblesse

Au sein de la félicité. »

Ton berger est fidèle et tendre :

Non, Diane, il n'a pu changer ;

Mais l'Amour, que tu fis attendre,

Par un retard veut se venger.

Un oiseau qui vient voltiger,

Le moindre souffle du zéphire

Peut faire, au bruit le plus léger,

Palpiter un cœur qui désire.

Diane, avec saisissement,

L'œil fixe, apperçoit autour d'elle,

Dans les branches, le mouvement

D'un jeune arbrisseau qui chancelle :

« C'est lui!... non... quel affreux tourment!

Dieux! que la distance est mortelle!

Ou qu'il avance lentement!

Vole, berger, Diane attend,

Elle soupire, elle t'appelle;

Hélas! quoiqu'on trouve souvent

Volage amante, amant fidèle,

On voit avec peine l'instant

Où, pour venger le sentiment,

L'amour dispose d'une belle

En faveur d'un berger trop lent.

　　Enfin, du côté du rivage,

Le doux bêlement d'un agneau,

Le son faible du chalumeau,

En pénétrant dans le bocage,

Ont calmé cet amer langage

Contre le maître du troupeau.

« Reviens, reviens, je te pardonne,

S'écria l'amante à ce bruit;

Vas, mon couroux s'évanouit,

Et dans mes mains est ta couronne. »

Ce n'est plus une fiction :

Oui, je le vois qu'amour devance;

Le reproche est son aiguillon :

Nymphes, ayez de la prudence;

Au défaut de la jouissance

Ménagez-vous l'illusion,

Fuyez, Endymion s'avance.

Heureux cent fois l'Endymion !

Heureux l'amant fidèle et tendre

Qui voit l'objet de ses liens

Ne quitter les bras du Scamandre

Que pour s'oublier dans les siens !

# LES QUATRE HEURES

DE LA

# TOILETTE DES DAMES

*POËME*

―――――――――――――――――――

## CHANT TROISIÈME

### *EUROPE ET JUNON*

LORSQUE j'ai peint la fraîcheur vive

Que l'amour et l'effet du bain

Ont sçu répandre sur le teint

Dé la pudeur tendre et craintive,

Beauté d'un éclat enchanteur !

Je t'ai laissée en un bocage,

Livrée au plaisir séducteur,

A l'ombre d'un épais feuillage ;

Mais aux branches de ces ormeaux

Je vais suspendre mes musettes,

Et je vole du sein des eaux

Au séjour brillant des toilettes.

Le soleil nous paroît au loin

De son arc occuper le reste,

Et toucher la terre en un point,

Au bas de la voûte céleste :

L'éclat fatiguant de ses feux

Vient de se perdre dans l'espace :

Au terme constant de sa trace

Son jour n'offense plus les yeux ;

Et pénétrant dans l'interstice

Des rideaux du temple d'Amour,

Répand ce tendre demi-Jour

A la toilette si propice.

Dans l'amoureuse obscurité

Où l'Art caresse la Nature,

Au fond de ce temple enchanté,

S'élève un trône où la parure

Se marie avec la beauté;

Où voyant ce beau mariage

Se répéter par les reflêts

Du miroir qui peint son image,

L'Amour sourit à son ouvrage,

Et le plaisir à ses attraits;

Où viennent folâtrer sans cesse

Et les jeux charmans et les ris;

Où l'aimable enfant de Cypris

Aiguise le trait qui nous blesse,

Dicte en riant ses douces loix,

Et pour la victoire assurée

Remplit de flèches le carquois

Qu'il épuise dans la soirée;

Où les dieux du volage essaim

Tiennent, élevés sur ce trône,

Des grâces la noble couronne

Que tressa leur galante main,

Et la guirlande que l'automne

Ne flétrit jamais sur leur sein.

C'est là qu'une nymphe infidéle,

Pour embellir une mortelle,

Vient d'apporter le fard divin

Dont Junon colore son teint,

Et sans redouter sa colére,

Travaille à lui donner soudain

Une égale dans l'art de plaire.

La charmante Europe est l'objet

De ce larcin qu'Amour pardonne,

Qu'il applaudit et qu'il couronne,

Puisque lui-même est du secret.

Malgré le désir qui la presse

D'user du fard de la déesse,

Elle en prévoit trop le danger ;

Avec raison elle balance,

Elle tremble de l'outrager.

Une jalouse qu'on offense

Est toujours prête à se venger.

« Que la nuance en est parfaite !

Dit Europe en le regardant ;

A mon teint il ressemble tant !

La furtive Nymphe est discrette,

Le bien des jaloux est tentant... »

Europe vole à sa toilette.

Un simple voile en un instant

Abandonne le sein qu'il cache :

Dieux! que d'attraits! mais promptement

Un voile plus ample s'attache ;

Léger transparent de linon

Sur ses épaules se déploie :

Linon charmant! que l'art emploie

Pour le coup d'œil de la raison !

Dans ses replis flotte, s'égare

Sa chevelure au clair châtain,

C'est Aglaë qui s'en empare

Et la façonne de sa main ;

Et ses deux sœurs, d'intelligence,

Ayant chacune leur dessein,

Attendent leur tour en silence ;

Leurs triomphes se préparaient ;

Que serait l'aimable parure,

Quels charmes aurait la nature

Si les Grâces ne s'en mêlaient ?

   Cherchant son fils, ou curieuse,

Ou bien comme une autre envieuse,

Dans ce séjour paraît Vénus,

Elle s'y montre sans mystère,

Europe en triomphe bien plus,

L'Amour y méconnaît sa mère.

Plus agiles que le zéphir,

Quatre nymphes à demi-nues

Préparent ce qu'il faut offrir ;

Mille attraits, les ailes tendues,

Sont toujours prêts à s'élever ;

Les loisirs ont fait arriver

Le dieu d'Epidaure à Cythére,

Esculape, assis dans un coin,

Change son art en l'art de plaire,

Pour que son grave ministére

Soit appelé dans le besoin ;

La Santé, fille du bel âge,

Y pétrit aussi ses couleurs,

Et Comus, en chapeau de fleurs,

Préside à tout l'aréopage.

   « Qu'allez-vous faire ? s'écria

Le dieu des Grâces qu'il surveille,

Belle Europe ! tout vous conseille

De vous épargner ces soins-là.

Quand sur vous la riche nature

Epuisa ses plus beaux attraits,

La richesse de la parure

Est un outrage à ses bienfaits;

Que du sein de la vive Flore,

Les plaisirs, les jeux enchanteurs

Détachent en riant les fleurs

Que pour vous elle fit éclore;

Quand sur vos longs cheveux flottants

L'Amour aura semé les roses,

Les bouquets de fleurs demi-closes

Qu'auront cueillis ces jeux charmans,

Prenez l'habit d'une bergere,

Le bavolet, le corset blanc,

Des guirlandes pour ornement,

La houlette et la pannetiere,

Tout le champêtre ajustement,

Puis au courant d'une onde pure

Allez sans crainte vous mirer,

Et vous verrez que la Nature

Doit elle seule vous parer. »

  L'embarras de la modestie,

Dont Europe s'est embellie

Par l'éloge de ses attraits,

De sa rougeur les colorie :

Un souris prépare en ses traits

Ces mots délicats et discrets

Dont cette rougeur est suivie.

« Dans les Villes et dans les Cours,

Dieu galant, je suis asservie,

Et l'on n'y prend point les atours

Des Bergères de Phénicie :

La Nature, belle en vos champs,

Serait moins belle dans nos villes,

Et ses parures sont utiles

Si ses traits en sont plus touchans.

Ces guirlandes, ces fleurs nouvelles,

7

Qui paraissent éclore exprès,

Qui semblent rechercher les belles,

Se défeuillent pourtant près d'elles :

Dieux ! quels soupirs et quels regrets !

Si l'art négligeait les secrets

Qui font les roses immortelles.

L'automne, sous la main du temps,

Vient-elle faner les bluettes,

Alors, par des doigts consolans,

Voyez renaître sur nos têtes

Les violettes du printemps :

Pour moi, ce n'est que par usage

Si je laisse aux traits du bel âge

Mêler un éclat étranger,

Et les Grâces font leur ouvrage

Sans aucun art, sans y songer. »

Voici les Muses en cortége

Qui viennent briguer leurs succès :

Les Talens en ont-ils jamais

Si la Beauté ne les protége?

C'est dans ce séjour clandestin

Que Thalie est sans brodequin

Et Melpomène sans cothurne,

Implorant la voix du Destin

Pour se rendre propice l'Urne:

On entre, et soudain une voix

Inconnue et faible s'élève,

D'Erato c'est un jeune élève

Parlant pour la première fois:

« Belle Europe, accueillez l'hommage

Du choix de mes premiers tableaux;

Pour chef-d'œuvre de mes pinceaux

J'osai crayonner votre image.

Au rang, ou compagne des Dieux,

Placée au Temple de Mémoire,

Je pouvais célébrer la gloire

Que vous partagez avec eux ;

Mais voyant l'Amour sur vos traces,

Je suivis un penchant plus doux,

A vos côtés j'ai peint les Grâces,

Et l'Univers à vos genoux. »

L'Austère et timide Décence

A découvert ses yeux baissés,

Un regard est la récompense

Dont le Tibulle est caressé ;

Europe, à son air d'indulgence,

Semble couronner en silence

Chaque mot qu'il a prononcé.

Telle de Paphos la Déesse

En son Temple, aux jours solemnels,

Avec sa grace enchanteresse,

Reçoit tous les vœux des mortels.

Mais Europe a reçu l'hommage

De tous les enfans d'Apollon :

Déjà l'ambre de Phaéton
Des cheveux colore l'ouvrage,
Et l'on retourne à l'Hélicon.

Toujours lentes, toujours tardives,
Au-delà du temps ordonné
Perinna, Cyrille, Arachné
Apportent ces gazes naïves,
Ces blondes, ces rubans nués
Que le bon goût a façonnés ;
Ces guirlandes, ces broderies,
Cet appareil si séduisant ;
Ces nuances tendres, fleuries,
Image d'un sexe charmant.
De tous ces choix, de tous ces goûts
L'œil incertain paraît avide,
Il semble les préférer tous,
Il a besoin qu'on le décide ;
Bientôt les choix seront connus,

Les plus délicats vont paraître ;
De Jupiter je vois un Prêtre
Servir aux Autels de Vénus.

A l'instant la plume s'attache,
Je crois voir Mars en ce beau jour
De son casque ôtant le panache,
Le partage avec l'Amour.

Paraissez mystérieux vase
Qui renfermez mille plaisirs !
En ajoutant à nos desirs
Source du feu qui nous embrase !
Paraissez aimable trompeur !
Nouvelle boëte de Pandore,
Dont le merveilleux coloris
Flatte la jeunesse d'Aurore
Et la vieillesse de Baucis !
Aiguillon des Brunes piquantes,
Nuances des Blondes touchantes,

Trésor de la demi-beauté,

Qui pouvez la rendre adorable,

Et la laideur plus supportable

Par votre effet illimité !

En paraissant sur sa toilette,

Donnez lieu, pour l'intéresser,

De dire à la beauté parfaite,

Vous auriez pu vous en passer.

Découvrez-vous, que l'on vous pose

Sur ces frais lis, sur ce jasmin ;

Effleurez ce duvet de rose,

Dont Thalie approche la main.

Sous cette main je vois paraître

Par degrés un charme nouveau ;

C'est un Amour qui vient de naître

A chaque trait de son pinceau :

L'éclat du teint devient extrême ;

Ses yeux plus vifs, plus animés,

Lancent des rayons enflammés ;

Europe s'ignore elle-même ;

Tous les regards sont éblouis ;

De Junon la Nymphe infidèle

Prétend que Junon est moins belle ;

Comus, les Grâces sont surpris,

Et vingt fois l'Amour bat de l'aile;

Richesse offre son diamant

Etincelant dans la parure,

Alcméon son collier charmant,

Et les trois Grâces leur ceinture.

Mais que vois-je! sur ce séjour

D'attraits, de riantes images,

Quel amas de sombres nuages

D'un crêpe enveloppe le jour !

Et des profondeurs de la nue

Quel bruit, quel affreux roulement,

Au sein de la Cour éperdue

Jette un morne saisissement !

Les Aquilons semblent combattre,

Disputer la place aux éclairs,

A cent quarreaux prêts de s'abattre

Sur ce seul point de l'Univers :

Ce ne sont plus ces mains légères

Qui des rubans formaient les nœuds,

Et se plaisaient en cent manières

A transformer ces longs cheveux ;

Ce n'est plus cette grace habile

A les parsemer de ses fleurs ;

Ce n'est plus cette Nymphe agile,

Attentive au choix des couleurs.

Au bruit de la foudre mortelle

Tout tremble en ce triste boudoir ;

L'effroi de la Nymphe infidèle

En augmente le désespoir.

Faiblement sortant du silence,

J'entends des cris plaintifs et doux.

Vents et tonnerre appaisez-vous !

Si jamais la Beauté t'offense,

Ciel ! que ses pleurs en récompense

Doivent bien calmer ton courroux !

Vois la pâleur sur ce beau front !

Et mets un terme à la vengeance

Que semble déployer Junon.

Oui, c'est elle qui, furieuse,

Par l'effet jugeant du larcin,

Des attraits d'Europe envieuse,

Fane les beaux lis de son teint :

On l'entend se plaindre au Destin,

Et de la Beauté qui s'oppose

A son triomphe en l'effaçant,

Au Destin, d'un cri menaçant,

Demander la métamorphose.

« Europe ! qu'on te change en rose,

S'écria l'Amour gémissant,

« Au moins, à l'abri des alarmes

Qui suivent des attraits vainqueurs,

Tu ne perdras pas tous tes charmes,

Tu conserveras tes couleurs :

Tous les matins avec l'Aurore

Sur toi j'irai verser des pleurs ;

Tu connaîtras que je t'adore

Quand je pleurerai tes malheurs ;

Alors, si tu peux bien m'entendre,

Si tu m'entends encor gémir,

Sans délai fais le moi comprendre ;

Pour prix d'un souvenir si tendre,

Fais effort pour t'épanouir ».

Au sein d'une volupté pure,

C'est ainsi que le tendre Amour

Charme la peine qu'il endure,

Consolait Europe & sa Cour :

Mais le vent qui les inquiette
Partage un voile qui s'enfuit;
Tout devient calme, le jour luit,
Et l'on achève la toilette.

Sous la fraîcheur du taffetas
D'Europe alors la taille brille ;
Dans le moment qu'elle s'habille
Minerve admire & ne peint pas.
C'est enfin la fleur de Narcisse
Qui va composer son bouquet ;
Si c'est en faveur de l'objet
Qui causa son affreux supplice,
Beau Narcisse console-toi
D'une heureuse métamorphose !
Peut-on être amoureux de soi
Lorsqu'on est près de cette rose ?

C'en est fait, Europe à sa Cour
Rend hommage de sa parure,

Chacun lui répond tour à tour,

Qu'aurais-je fait sans la Nature ?

Souris charmant, vive fraîcheur,

Traits séduisans, port de Déesse,

Cette douceur enchanteresse

Qui peint l'image de son cœur,

Oui, c'est ainsi que sa toilette

Est un vrai larcin fait aux Dieux ;

Un teint de lis & des yeux bleus

Sont la Beauté la plus parfaite

Qui brilla jamais sous les cieux.

    Olympe jaloux ! tu t'étonnes ?

Non, jamais tes Dieux n'ont rien fait

D'aussi touchant, d'aussi parfait ;

Pour qui sont faites tes couronnes ?

    Mais contre l'ordre souverain,

Ah ! ne murmurons point encore !

Sous la voûte qu'elle colore,

Le front calme, l'olive en main,

Iris annonce le destin

D'Europe que la Terre adore.

« De Junon ne crains plus les coups,

Jupiter a pris ta défense ;

Vas jouir du sort le plus doux,

Vas faire mille autres jaloux

Loin des lieux où tu pris naissance ».

Europe disparaît soudain,.

Le Maître des Dieux s'en empare,

Sur les flots l'emporte, l'égare

Aux lieux où l'attend son destin.

   Sèche tes pleurs, malheureux père !

Agénor, attends que tes fils

Cilix & Phenix réunis,

Aient contemplé le sort prospère

D'une fille que tu chéris.

   A l'instant qu'au sortir de l'onde

A brillé l'éclat de Junon,

Une des quatre parts du Monde

D'Europe aussi-tôt prend le nom ;

Et dans leur course vagabonde

Ses frères ainsi dirigés,

Aisément se sont ménagés

Le doux plaisir de la surprendre.

·Des États qu'ils ont parcourus,

Où de leur sœur se fait entendre

L'éloge prompt à se répandre

De ses attraits, de ses vertus,

Un Peuple aimable les arrête ;

De la Reine qu'il admirait,

Qu'au fond du cœur il adorait,

Dont le nom par-tout se répète,

Devenus bien-tôt les Sujets,

Cilix, Phénix, en son palais,

Trouvent Europe à sa toilette !...

Europe est la beauté parfaite

Pour qui j'ai formé mes portraits

Le Clerc inv        Arrivet Sculp.

# LES QUATRE HEURES

DE LA

# TOILETTE DES DAMES

*POËME*

───────────────◈───────────────

## CHANT QUATRIÈME

*APOLLON ET THÉTIS*

SI ma muse, en vantant le fard,

Fit une indiscrette peinture,

Zélis ! d'une aimable imposture

Ne rougissez point à l'écart ;

On n'offense point la Nature

En l'embellissant d'un peu d'art :

Voici l'heure où de la Parure

Les Belles quittent le séjour,

Pour goûter, après un beau jour,

Le repos de la nuit obscure,

Qui prête son voile à l'Amour.

Dieu de la lumière du Monde !

Et des beaux Arts source féconde !

Viens me remplir de feux nouveaux,

C'est pour toi mes derniers tableaux !

Je vais chanter, et ton absence,

Et tes amours, et ton repos

Dans l'humide empire des flots

Où tous les soirs ton char s'élance.

Tendre Apollon ! inspire-moi

Par ton charme, par ta puissance,

Ces vers doux qui, par leur cadence,

Sont dignes de parler de toi.

Apollon, l'amant de Clytie,

De Leucothoé, de Daphné,

Eut pour elles pendant leur vie

Plus d'un délire infortuné ;

Mais pour Thétis, Thétis chérie,

C'est pour jamais, c'est sans retour

Qu'il ressent, que se renouvelle

Le feu de l'immortel amour

Dont il se consume pour elle.

Tendre et fidèle, ardent et doux,

Par degrés lents Apollon touche

De Thétis l'amoureuse couche,

Y descend et s'enfuit pour nous.

Pendant qu'une moitié du monde

Reçoit ses rayons amortis,

Les Dauphins du char de Thétis

Vont reposer au sein de l'onde,

Et Thétis est dans son palais.

Tombez, étoffes azurées!

Laissez éclater ses attraits;

Gazes qui nous voilez ses traits,

Serez-vous bientôt séparées?

Oui, ce beau jour sera changé

En nocturnes apollonies;

Les nombreuses Océanies

Mettent leur mère en négligé;

Le voile jaloux qui la presse

Est bien prêt à se désunir;

La pourpre, l'or et le saphir

Quittent la charmante Déesse;

On voit mieux ses nobles contours;

L'Art a fui, la seule Nature

Est d'accord avec les Amours;

Thétis n'a pour toute parure,

Quand le Soleil fini son cours,

Que des trois Grâces la ceinture;

Sa tresse blonde orne au hasard

Ses épaules à demi nues;

Par-tout les Grâces ingénues

Paraissent se jouer de l'art;

Et de sa couleur mensongère,

Et de tout l'éclat du carmin,

La nuance la plus légère

En reste à peine sur son teint :

Dans ses eaux Flore se repose,

Sa douce haleine s'y répand,

Et Zéphir, en se balançant,

Rafraîchit les airs de la rose

Qu'il effeuille en ce lieu charmant;

Le parfum brûle dans les vases,

Et déja l'on vient d'apporter

L'écharpe et les décentes gazes

Que Thétis doit bientôt quitter.

   Amour! au moment qui s'apprête,

Amour! de quels sombres ennuis,

Parmi l'éclat de cette fête,

Est chargé le front de Thétis!

Je vois pourtant une couronne

De myrtes que le Plaisir donne,
De sa main cueillis et tressés,
Et sur tout ce qui l'environne
Je vois deux noms entrelacés.

Mais un drap de pourpre colore
Les bords sereins de l'horizon,
Tel qu'au matin l'offre l'Aurore
En sortant du lit de Tithon.
Près du voile azuré qu'il dore
Quels accens entend Apollon ?
C'est la plainte d'un cœur fidèle,
Hélas c'est la voix de Thétis !
« Quoi ! tu viens dans mes bras, dit-elle,
Porter tes feux pour Chryféïs !
Tu trahis la Nymphe nouvelle
Qui t'inspire un nouvel amour !
Après avoir, durant le jour,
Poursuivi par-tout cette Belle

Tu l'abandonnes pour ma Cour !

Quoi ! la tendresse est sans asyle

Chez les mortels et chez les Dieux !

Une félicité tranquille

Ne peut donc plus les rendre heureux !

La fidélité gémissante

Ne sçait où reposer ses yeux,

Il n'est Amant qui ne la vante,

Elle est proscrite dans tous lieux :

Du Dieu qu'à Paphos on adore

Ainsi l'Autel est abattu,

Et quel empire éclaires-tu

Où l'on sçache s'aimer encore ?

Autrefois, penché sur mon sein,

Lorsque tu répandais ces larmes,

Dont, sur le soir d'un jour serein,

Tu baignais doucement mes charmes,

Combien tu formais de sermens

Ivre d'une naissante flamme

Nous respirions d'une même ame,

Nos cœurs avaient mêmes élans,

Parjure! et tu brises sans peine,

Et sans effort, et sans douleur,

Les nœuds d'une amoureuse chaîne

Dont il faut arracher mon cœur!

J'ai sacrifié pour te plaire

L'Epoux que m'ont donné les Dieux;

Aujourd'hui ton cœur me préfère

Une beauté qui te plaît mieux,

Mais cet autre objet qui t'engage,

A son tour bientôt gémira :

Pour moi, de ta flamme volage,

De ma perte, de ton outrage,

Un autre Dieu me vengera ».

Apollon vers cet hémisphère

N'ose pencher, on l'en bannit

Il a terminé sa carriére,

Comment faire place à la Nuit?

Volages Amans de la Terre!

Dans quel embarras aujourd'hui

Voit-on le Dieu de la lumiére :

Amynthe est plus heureux que lui,

Il est auprés de sa Bergère :

« Ne crains pas que pour Chryséis,

Pour toute autre! je t'abandonne, »

Répond Apollon à Thétis;

« Loin de son Amante fidelle

On peut s'oublier quelquefois,

Mais le cœur toujours vous rappelle

A l'objet de son premier choix.

Chercherai-je dans la Nature

A plaire à de nouveaux objets?

Non; jamais la Volupté pure

Ne m'offrirait ses biens parfaits :

Au sein des plus rares attraits

J'entendrais toujours le murmure

De mon amour et mes regrets. »

« Je te regretterais de même,

S'écria Thétis à son tour ;

Quoi ! Le Dieu des Arts et du Jour

Verse des pleurs sur ce qu'il aime ! »

Elle dit ; et sur l'horizon

Une main douce et caressante,

Que la pudeur lui rend tremblante,

A saisi la main d'Apollon.

Soudain leurs baisers se confondent,

Pressent, répètent leurs soupirs,

Et les échos au loin répondent

Aux tendres accens des plaisirs ;

Thétis plus touchante est plus belle,

Ses transports sont plus vifs, plus doux ;

Apollon redouble pour elle

Tous les feux qu'il éteint pour nous,

Et sa flamme est toujours nouvelle.

Tel, après les travaux du jour,

Un tendre Époux, à son retour,

Vient près d'une Épouse chérie

Charmer les peines de sa vie,

Et les oublier par l'amour;

Tel, en sa course terminée,

Apollon commençant les nuits,

Vient sur la bouche de Thétis,

Cueillir le prix de sa journée:

Délire ne finissez pas;

En prodiguant tous vos appas

S'il se peut redoublez sans cesse.

Dieux! lorsqu'on a brûlé long-temps

Pour un digne objet de tendresse,

Quelle volupté! quelle ivresse!

Dans les baisers de deux Amans.

Une félicité profonde

Enivre ce couple immortel ;

Les Dieux de la Mer et du Ciel

Ont oublié la Terre et l'Onde.

Chaque image de leurs plaisirs

Se peint dans le miroir immense,

S'y réfléchit et s'y balance ;

Les flots murmurent leurs soupirs,

Se pressant avec nonchalance ;

Le Triton se sent agiter,

La Nymphe écoute son martyre ;

Enfin Thétis en son empire

Voit ses plaisirs se répéter :

La Nuit dérobe ce mystère

Aux regards des mortels jaloux ;

Apollon, en quittant la Terre,

Donne l'exemple aux rendez-vous.

Imitez ce charmant modèle,

Tendre Amante, Épouse fidèle,

Heureux Amans, heureux Époux.

   Déja dans toute la Nature

On vole à son objet chéri ;

La jeune Abeille au pré fleuri

Vient se jouer sous la verdure ;

Le Ramier dans le fond des bois,

Par son roucoulement appelle

Sa compagne tendre et fidelle

Qui bat des aîles à sa voix ;

J'entends la Perdrix qui réclame

Au milieu des sillons touffus,

Et le Cerf, d'une ardente flamme,

Cherche la Biche à pas confus ;

Chaque Être vers sa solitude

Se joint, s'évite, se poursuit ;

Tous dans le sombre de la nuit

Marchent avec inquiétude :

Sur les gazons plane Zéphir,

Tendrement caresse à plaisir

Le sein frais de la jeune Flore ;

Tithon rajeuni par l'Aurore

Lui prodigue de nouveaux feux ;

Plaines, vallons, monts et bocages,

N'ont que des hôtes amoureux,

Et les Habitans des Villages

Trouvent le moment d'être heureux :

Alain auprès de sa Bergère

Ne voit plus rien à desirer ;

Dans les soucis de la misère

L'Amour vient encor enivrer

Le malheureux dans sa chaumière ;

Léandre est prêt à se noyer

Pour Héro la belle prêtresse,

Et Pyrame est sous ce mûrier

Dans les bras de Tisbé qu'il presse :

Émue, inquiète à quinze ans,

Anette seule en ces momens

Dort, gémit, s'éveille et soupire;

Je plains son douloureux martyre;

Est-il de plus affreux tourmens

Que d'ignorer ce qu'on desire?

Sexe charmant que j'ai chanté!

Tous mes plaisirs sont dans l'hommage

Que j'aime à rendre à la Beauté;

C'est à vous offrir votre image

Que je goûte la volupté :

Que pour vous l'Amour soit sans ailes !

A la toilette, jours et nuits,

Doux plaisir caressez les Belles!

Si vous les parez d'un souris,

Si votre gaîté brille en elles

A l'aspect des divers tableaux

Que j'ai formé de leur parure,

Vous embellirez la Nature
Mieux que ne l'ont fait mes pinceaux.

# NOMENCLATURE

## *MYTHOLOGIQUE*

# DES QUATRE CHANTS

---

### *CHANT PREMIER*

Comus, Divinité dont l'unique fonction était de présider aux fêtes et aux toilettes des Femmes et des jeunes Hommes qui aimaient la parure. On le représente avec un bonnet de fleurs, tenant un flambeau à la main droite, et s'appuyant de la gauche sur un pieu.

Paphos, ville de l'île de Chypre, où Vénus avait un temple superbe.

Psiché. C'est un mot grec qui signifie *âme*. Il fut attribué par les Païens à une Divinité. Elle était d'une beauté rare. L'Amour en fut épris et la fit transporter dans un lieu de délices où elle demeura longtemps avec lui sans le connaître. L'Amour, après avoir été vivement sollicité pour dire qui il était, disparut.

## CHANT SECOND

Dɪᴀɴᴇ, Déesse de la Chasse. On la regardait comme la Déesse de la Chasteté. Elle avait à sa suite une troupe de Nymphes, toutes plus belles les unes que les autres, et n'en souffrait aucunes qui ne fussent aussi chastes qu'elle. On dit cependant qu'elle aima le Berger Endymion, et qu'elle quittait souvent le Ciel pendant la nuit pour le visiter.

Scamandre, fils de Doris et de Jupiter. Il fut métamorphosé en fleuve, et promenait ses eaux autour de Troie. Jupiter lui accorda le droit de faire une fête à toutes les jeunes Filles au moment qu'elles allaient se marier. Lorsque le mariage était conclu, elles allaient la veille de leurs noces se baigner dans le fleuve. Scamandre sortait de ses roseaux et venait les recevoir : il les prenait par la main et les conduisait dans son palais.

Pan, Dieu des Campagnes et des Bergers.

Olimpe, montagne de Thessalie. On croyait que c'était la demeure des Dieux.

Faunes, Satyres.

Sylvains, Dieux champêtres.

Dryades, Nymphes des Forêts.

Oréades, Nymphes des Montagnes.

Naïades, Nymphes des Fontaines et des Fleuves.

Endymion, Berger de Carie que Diane aima en secret.

Néréides, Nymphes de la Mer.

Tritons, Dieux Marins.

Nappées, Nymphes des Prairies.

Calisto, Nymphe de Diane que cette Déesse chassa de sa Cour pour s'être laissé séduire par Jupiter.

Echo, Nymphe qui aima passionnément Narcisse, et qui, ne pouvant réussir à s'en faire aimer, sécha de douleur.

Péristhère. L'Amour et Vénus parièrent un jour à qui cueillerait le plus de fleurs dans une heure de tems; Péristhère se mit du côté de Vénus, et dans peu fit perdre la gageure à l'Amour.

## CHANT TROISIÈME

Europe, fille d'Agénor, Roi de Phénicie. Cette Princesse était si belle, qu'on prétend qu'une des compagnes de Junon avait dérobé un petit pot de fard sur la toilette de cette Déesse pour le donner à Europe. Jupiter lui donna pour séjour la partie du Monde à laquelle elle donna son nom.

Aglaé, Euphrosine, Thalie. Ce sont les trois Grâces, compagnes de Vénus.

Melpomène, Muse de la Tragédie, et Thalie, de la Comédie.

Périnna, Brodeuse Egyptienne.

Arachné, Brodeuse qui osa un jour défier Minerve dans cet Art.

Junon, femme de Jupiter, fameuse par la jalousie. Elle métamorphosa plusieurs Nymphes plus belles qu'elle, dans la crainte qu'elles ne plussent à Jupiter.

Iris, Messagère des Dieux.

Agénor, Roi des Phéniciens, père d'Europe et de Cilix et Phénix ses deux Fils, auxquels il défendit de paraître à sa Cour, qu'ils n'eussent ramené leur sœur qu'avait enlevée Jupiter, ou qu'ils n'apprissent au moins des nouvelles de sa destinée.


# CHANT QUATRIÈME

Apollon, Dieu du Jour, parce qu'il conduit le char du Soleil traîné par quatre chevaux. On le nomme Phœbus au Ciel et Apollon sur la Terre. On le regardait comme le Dieu de la Poésie, de la Musique et des Arts.

Thétis, femme de l'Océan, qui en eut un grand nombre de Nymphes appellées Océanies ou Océanitides, du nom de leur père.

Chryséis, fille de Chrysès, Prêtre d'Apollon.

Apollonies, fêtes en l'honneur d'Apollon.

Océanies, filles de Thétis et de l'Océan.

Tithon, jeune Prince, célèbre par sa beauté. Aurore l'aima éperduement, et lorsqu'il fut d'un certain âge, elle obtint des Dieux de le rajeunir.

Héro, Prêtresse de Vénus. Léandre son amant passait à la nage l'Hellespont pour l'aller voir pendant la nuit. Léandre à la fin se noya.

Pyrame, jeune Assyrien, célèbre par sa passion pour Thisbé. Comme ses parents et ceux de Thisbé les gênaient extrêmement, ils se donnaient des rendez-vous sous un mûrier, sous lequel ils périrent depuis tous deux. Après leur mort, les mûres de cet arbre devinrent noires, de blanches qu'elles étaient.


FIN.

## CONTES ET NOUVELLES

# PAR J. DE LA FONTAINE

### PRÉFACE PAR A. DE MONTAIGLON

*Ornés de cent magnifiques estampes, la plupart d'après Fragonard*

Deux forts volumes in-4° raisin, papier vélin fort, imprimés avec le plus
grand luxe par Hérissey d'Évreux, sur les caractères de Didot l'aîné     150 fr.

---

# SUITE D'ESTAMPES

### DESSINÉES PAR

## LANCRET, PATER, EISEN, BOUCHER, etc.

#### POUR ILLUSTRER LES

## CONTES DE LA FONTAINE

*Gravées au burin par DEPOLLIER aîné*

40 planches in-4°, du même format que les Estampes de Fragonard, sur
papier vergé de Hollande.     80 fr.

---

## OEUVRES COMPLÈTES

### DE

# J. B. P. DE MOLIÈRE

Ornées de plus de 700 compositions inédites

#### PAR

## JACQUES LEMAN

*Splendide édition in-4° raisin, imprimée en caractères elzéviriens
du XVII° Siècle*

Réimpression textuelle sur les éditions originales, avec Notices

#### PAR

## ANATOLE DE MONTAIGLON

Publiée en 32 fascicules, sur papier vélin, avec toutes les illustrations dans
le texte et hors texte tirées en taille-douce     500 fr.

(Le premier fascicule : L'ESTOURDY, est en vente.)

*Un prospectus spécial de cette belle édition sera envoyé aux amateurs
qui voudront bien nous en faire la demande.*

ÉVREUX, IMPRIMERIE DE CHARLES HÉRISSEY